Impressum
Verlag: BABADADA GmbH, Nedderfeld 112 , 22529 Hamburg
Geschäftsführer / Verlagsleitung: Harald Hof
Druck: Books on Demand GmbH, In de Tarpen 42, 22848 Norderstedt

Imprint
Publisher: BABADADA GmbH, Nedderfeld 112 , 22529 Hamburg, Germany
Managing Director / Publishing direction: Harald Hof
Print: Books on Demand GmbH, In de Tarpen 42, 22848 Norderstedt

school

училище

klaslokaal
класна стая
delen
деление
186/2
bord
черна дъска
speelplaats
училищен двор
leerkracht
учител
papier
хартия
schrijven
пиша
pen
химикал
bureau
бюро
liniaal
линеал
boek
книга
leerling
ученик

schooltas

ученическа раница

pennenzak

ученически несесер

potlood

молив

puntenslijper

острилка за моливи

gom

гума

tekenblok

блок за рисуване

tekening

рисунка

verfborstel

четка

verfdoos

акварелни бои

schaar

ножица

lijm

лепило

werkboek

тетрадка за упражнения

huiswerk

домашна работа

nummer

число

optellen

събиране

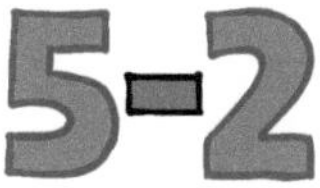

aftrekken

изваждане

vermenigvuldigen

умножение

rekenen

смятане

letter

буква

alfabet

азбука

woord

дума

tekst

текст

Lezen

чета

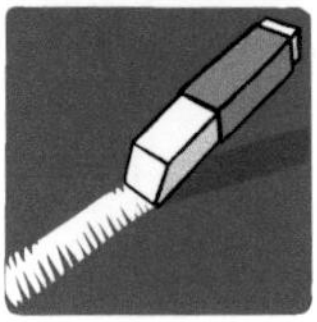

krijt

тебешир

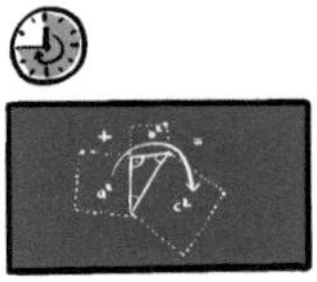

les

час

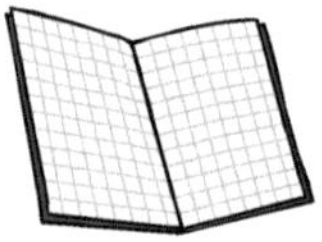

klassenboek

дневник на класа

examen

изпит

certificaat

свидетелство

schooluniform

ученическа униформа

onderwijs

образование

encyclopedie

справочник

universiteit

университет

microscoop

микроскоп

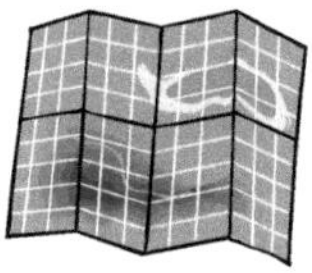

kaart

карта

papiermand

кошче за хартиени отпадъци

reis

пътуване

hotel
хотел
Grand
jeugdherberg
хостел
ROOMS
wisselkantoor
обменно бюро
CHANGE
koffer
куфар
auto
кола

Taal

език

ja / nee

да / не

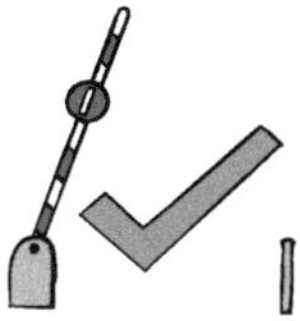

oké

Окей

hallo

здравей

vertaler

преводач

bedankt

Благодаря

Hoeveel kost …?

Колко струва…?

Ik begrijp het niet

Не разбирам

probleem

проблем

Goedenavond!

Добър вечер!

Goedemorgen!

Добро утро!

Goedenavond!

Лека нощ!

Tot ziens

довиждане

richting

посока

bagage

багаж

zak

пътна чанта

rugzak

раница

gast

посетител

kamer

стая

slaapzak

спален чувал

tent

палатка

toeristeninformatie

туристическа информация

strand

плаж

kredietkaart

кредитна карта

ontbijt

закуска

lunch

обед

avondeten

вечеря

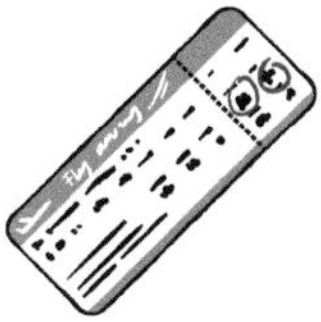

ticket

билет

lift

асансьор

postzegel

пощенска марка

grens

граница

douane

митница

ambassade

посолство

visum

виза

paspoort

паспорт

transport

транспорт

vliegtuig
самолет
schip
кораб
brandweerwagen
пожарна кола
bus
автобус
vrachtwagen
товарен автомобил
motorboot
моторна лодка
fiets
велосипед
auto
кола

veerboot

ферибот

boot

лодка

motor

мотоциклет

politiewagen

полицейска кола

racewagen

състезателна кола

huurauto

кола под наем

carpoolen

каршеринг

sleepwagen

автомобил от "Пътна помощ"

vuilniswagen

сметовоз

motor

двигател

benzine

бензин

benzinestation

бензиностанция

verkeersbord

пътен знак

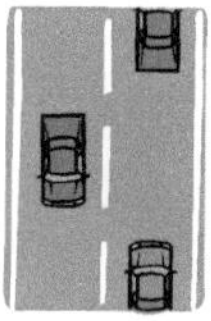

verkeer

улично движение

file

задръстване

parkeerplaats

паркинг

station

гара

sporen

релси

trein

влак

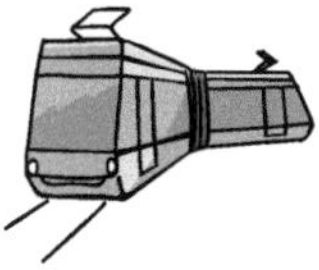

tram

трамвай

wagon

вагон

helikopter

хеликоптер

luchthaven

аерогара

toren

кула

passagier

пасажер

container

контейнер

karton

кашон

kar

ръчна количка

mand

кошница

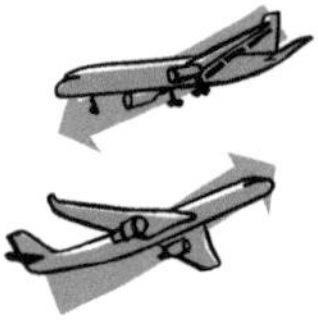

opstijgen / landen

излитам / приземявам се

stad

град

dorp

село

stadscentrum

градски център

huis

къща

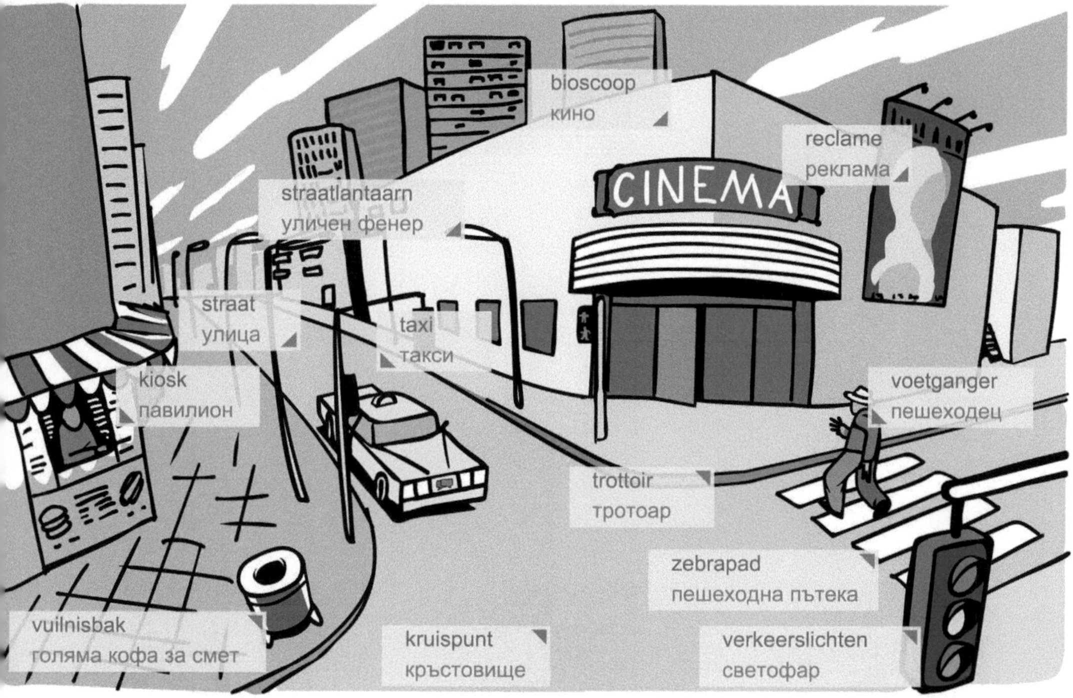
bioscoop
кино
reclame
реклама
CINEMA
straatlantaarn
уличен фенер
straat
улица
taxi
такси
kiosk
павилион
voetganger
пешеходец
trottoir
тротоар
zebrapad
пешеходна пътека
vuilnisbak
голяма кофа за смет
kruispunt
кръстовище
verkeerslichten
светофар

hut

хижа

woning

жилище

station

гара

stadshuis

кметство

MUSEUM

museum

музей

school

училище

universiteit

университет

bank

банка

ziekenhuis

болница

hotel

хотел

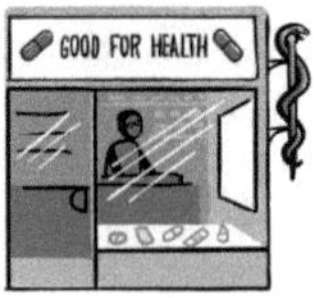

apotheek

аптека

kantoor

офис

boekwinkel

книжарница

winkel

магазин за цветя

bloemenwinkel

магазин за цветя

supermarkt

супермаркет

markt

пазар

warenhuis

универсален магазин

vishandelaar

търговец на риба

winkelcentrum

търговски център

haven

пристанище

park

парк

bank

пейка

brug

мост

trap

стълба

metro

метро

tunnel

тунел

bushalte

автобусна спирка

bar

бар

restaurant

ресторант

brievenbus

пощенска кутия

straatnaambord

улична табелка

parkeermeter

часовник за паркинг престой

zoo

зоологическа градина

zwembad

плувен басейн

moskee

джамия

boerderij

селски двор

milieuverontreiniging

замърсяване на околната среда

kerkhof

гробище

kerk

църква

speelplaats

детска площадка

tempel

храм

landschap

пейзаж

blad
листо
wegwijzer
пътепоказател
weg
път
weide
ливада
steen
камък
wandelaar
пътешественик
boom
дърво
rivier
река
gras
трева
bloem
цвете

vallei

долина

heuvel

планина

meer

море

bos

гора

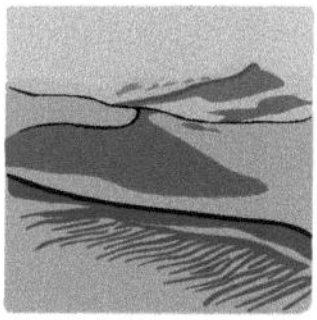

woestijn

пустиня

vulkaan

вулкан

kasteel

замък

regenboog

дъга

paddenstoel

гъба

palmboom

палма

mug

комар

vlieg

муха

mier

мравка

bijl

пчела

spin

паяк

kever

бръмбар

kikker

жаба

eekhoorn

катеричка

egel

таралеж

haas

заек

uil

кукумявка

vogel

птица

zwaan

лебед

wild zwijn

диво прасе

hert

елен

eland

лос

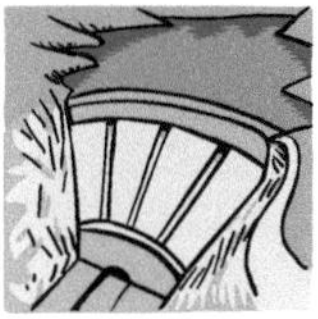

dam

бент

windturbine

вятърна турбина

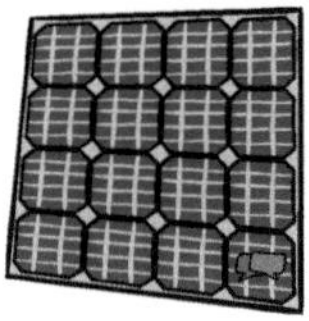

zonnepaneel

соларен модул

klimaat

климат

restaurant
ресторант

ober
келнер
menu
меню
stoel
стол
soep
супа
pizza
пица
bestek
прибори за хранене
tafelkleed
покривка за маса

voorgerecht
предястие

hoofdgerecht
основно ястие

nagerecht
десерт

drankjes
напитки

eten
ядене

fles
бутилка

fastfood

бързо хранене

street food

улична храна

theepot

кана за чай

suikerpot

кутия за захар

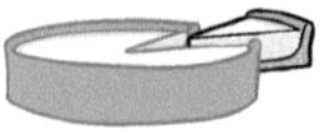

portie

порция

espressomachine

еспресо машина

kinderstoel

висок детски стол

rekening

сметка

dienblad

табла

mes

ножица за нокти

vork

вилица

lepel

лъжица

theelepel

чаена лъжичка

serviette

салфетка

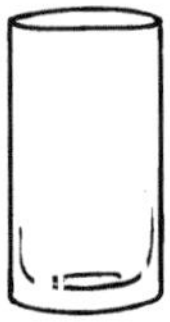

glas

стъклена чаша

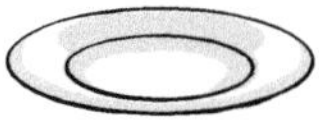

bord

чиния

soepbord

чиния за супа

schoteltje

чинийка

saus

сос

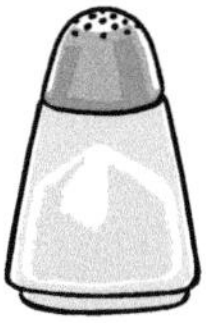

zoutvatje

солница

pepermolen

мелничка за черен пипер

azijn

оцет

olie

олио

kruiden

подправки

ketchup

кетчуп

mosterd

горчица

mayonaise

майонеза

supermarkt

супермаркет

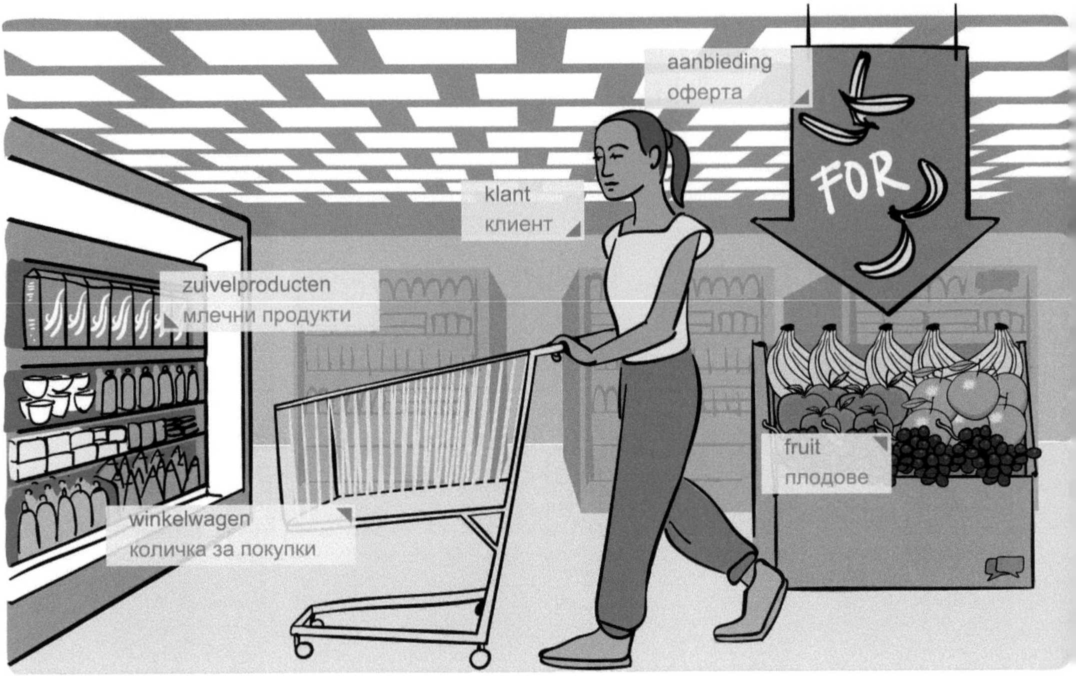
aanbieding
оферта
FOR
klant
клиент
zuivelproducten
млечни продукти
fruit
плодове
winkelwagen
количка за покупки

BUTCHERS

slagerij

кланица

BAKERY

bakkerij

хлебарница

wegen

тегля

groenten

зеленчуци

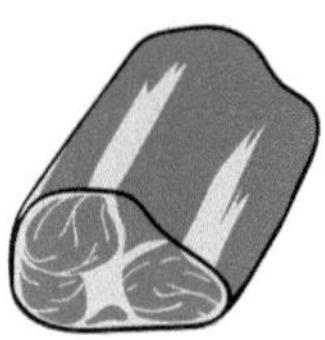

vlees

месо

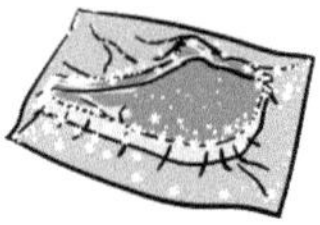

diepvriesvoedsel

дълбоко замразена храна

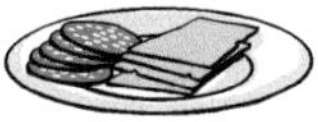

charcuterie

нарязан колбас или сирене

conserven

консерви

waspoeder

перилен препарат

snoep

лакомства

huishoudproducten

домакински изделия

schoonmaakproducten

почистващи препарати

verkoopster

продавачка

kassa

каса

kassier

касиер

boodschappenlijstje

списък на покупките

openingstijden

работно време

portefeuille

портфейл

kredietkaart

кредитна карта

tas

чанта

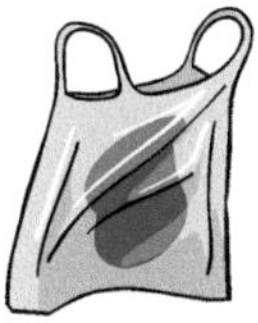

plastieken zakje

пластмасова торба

drankjes

напитки

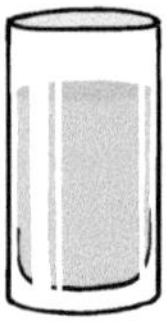

water

вода

sap

сок

melk

мляко

cola

кола

wijn

вино

bier

бира

alcohol

алкохол

cacao

какао

thee

чай

koffie

кафе машина

espresso

еспресо

cappuccino

капучино

eten

ядене

banaan

банан

appel

ябълка

sinaasappel

портокал

meloen

пъпеш

citroen

лимон

wortel

морков

knoflook

чесън

bamboe

бамбук

ajuin

лук

champignon

гъба

noten

ядки

noodles

макарони

spaghetti

спагети

rijst

ориз

salade

салата

frieten

пържени картофи

gebakken aardappelen

печени картофи

pizza

пица

hamburger

хамбургер

sandwich

сандвич

kalfslapje

шницел

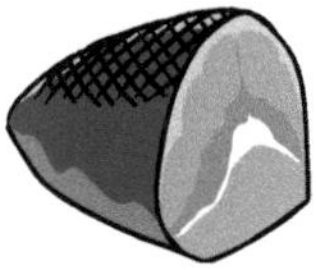

ham

шунка

salami

траен колбас

worst

салам

kip

пиле

braden

печено

vis

риба

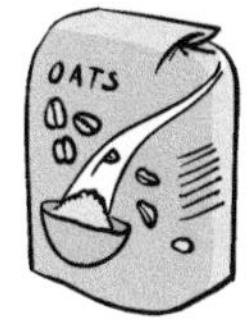

havervlokken

овесени ядки

muesli

мюсли

cornflakes

корнфлейкс

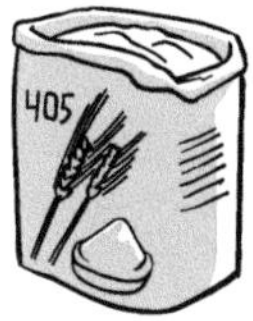

bloem

брашно

croissant

кроасан

pistolet

хлебчета

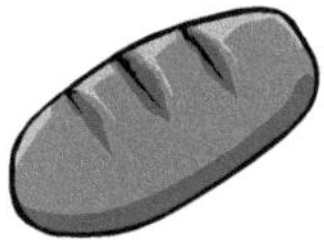

brood

хляб

toast

препечена филийка

koekjes

бисквити

boter

масло

kwark

извара

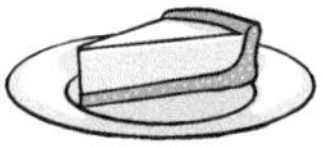

taart

сладкиш

ei

яйце

spiegelei

яйца на очи

kaas

сирене

ijs

сладолед

suiker

захар

honing

мед

confituur

мармалад

choco

нуга крем

curry

къри

boerderij

селски двор

boerderij
селска къща
schuur
плевня
strobaal
бала сено
veld
поле
paard
кон
aanhangwagen
ремарке
tractor
трактор
veulen
конче
ezel
магаре
schaap
овца
lam
агне

geit
....
коза

koe
....
крава

kalf
....
теле

varken
....
свиня

biggetje
....
прасенце

stier
....
бик

gans

гъска

eend

патица

kuiken

пиленце

kip

кокошка

haan

петел

rat

плъх

kat

котка

muis

мишка

os

вол

hond

куче

hondenhok

кучешка колиба

tuinslang

градински маркуч

gieter

лейка

zeis

коса

ploeg

плуг

sikkel

сърп

schoffel

мотика

hooivork

вила за тор

bijl

брадва

kruiwagen

ръчна количка

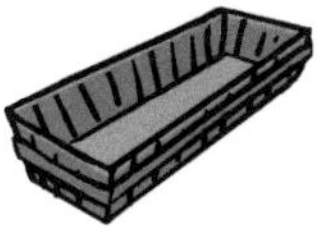

trog

корито

melkkan

съд за мляко

zak

чувал

hek

ограда

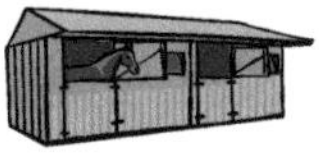

stal

обор

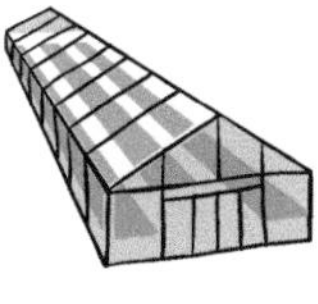

broeikas

парник

bodem

земя

zaad

сеитба

mest

тор

maaidorser

комбайн

oogsten

жъна

oogst

реколта

yam

ямс

tarwe

жито

soja

соя

aardappel

картоф

maïs

царевица

koolzaad

рапица

fruitboom

овощно дърво

maniok

маниока

graan

зърнени храни

huis
къща

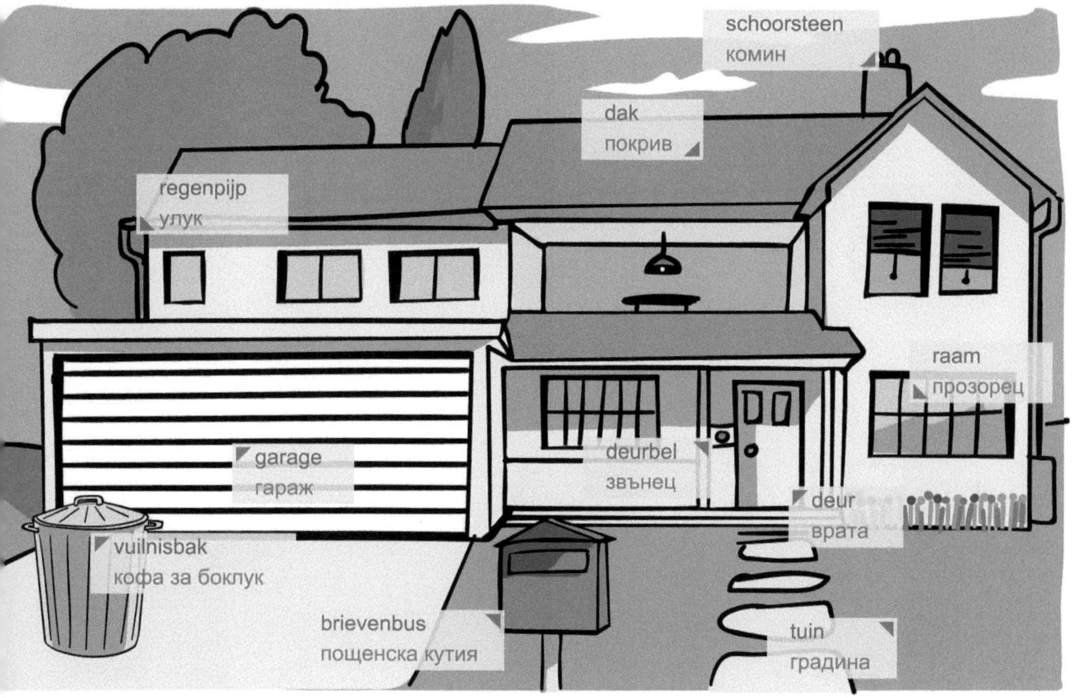
schoorsteen
комин
dak
покрив
regenpijp
улук
raam
прозорец
garage
гараж
deurbel
звънец
deur
врата
vuilnisbak
кофа за боклук
brievenbus
пощенска кутия
tuin
градина

woonkamer

всекидневна

badkamer

баня

keuken

кухня

slaapkamer

спалня

kinderkamer

детска стая

eetkamer

трапезария

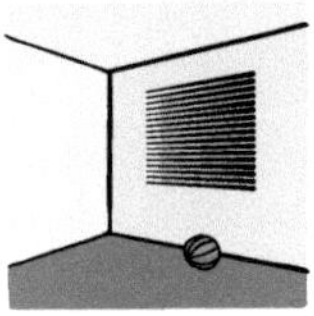

vloer

под

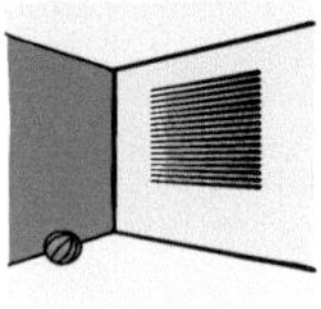

muur

стена

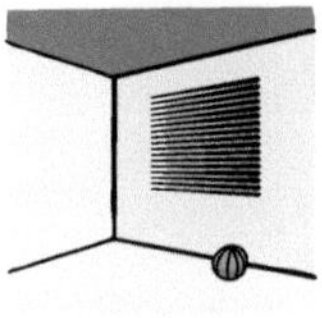

plafond

таван

kelder

изба

sauna

сауна

balkon

балкон

terras

тераса

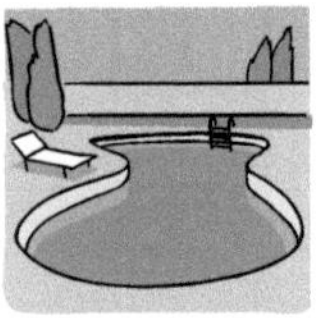

zwembad

плувен басейн

grasmaaier

косачка

dekbedovertrek

спално бельо

dekbed

покривка за легло

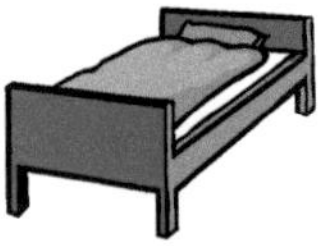

bed

легло

bezem

метла

emmer

кофа

schakelaar

електрически ключ

woonkamer

всекидневна

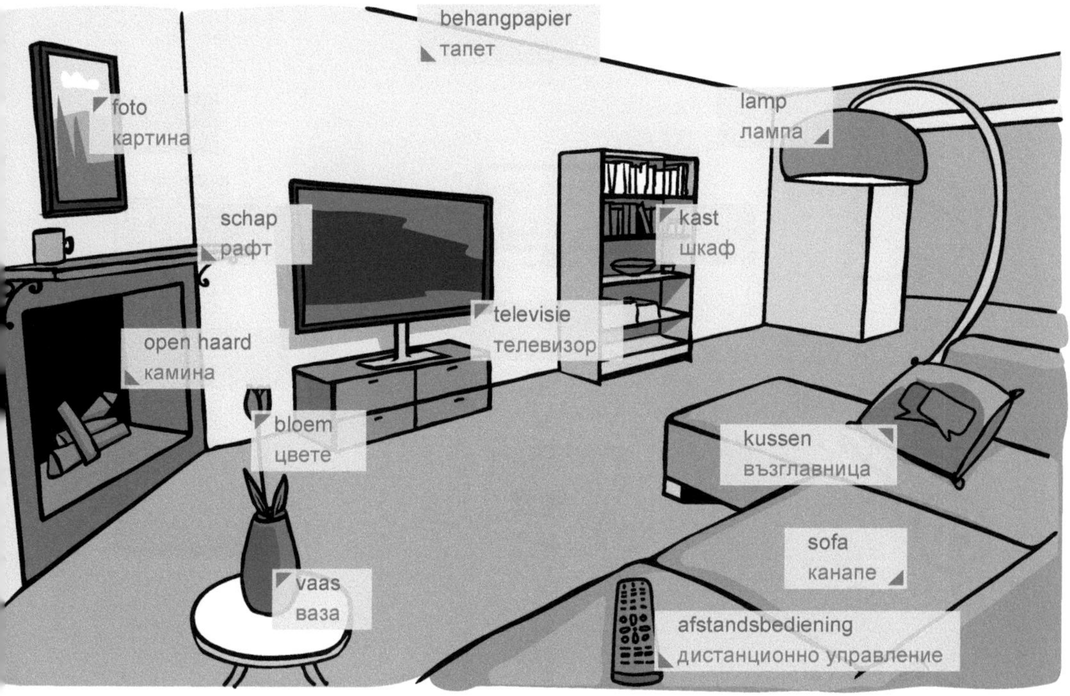

behangpapier
тапет
foto
картина
lamp
лампа
schap
рафт
kast
шкаф
televisie
телевизор
open haard
камина
bloem
цвете
kussen
възглавница
sofa
канапе
vaas
ваза
afstandsbediening
дистанционно управление

mat

килим

gordijn

завеса

tafel

маса

stoel

стол

schommelstoel

люлеещ се стол

fauteuil

кресло

boek

книга

deken

одеяло

decoratie

декорация

brandhout

дърва за отопление

film

филм

stereo-installatie

стерео уредба

sleutel

ключ

krant

вестник

schilderij

живопис

poster

постер

radio

радио

notitieboekje

бележник

stofzuiger

прахосмукачка

cactus

кактус

kaars

свещ

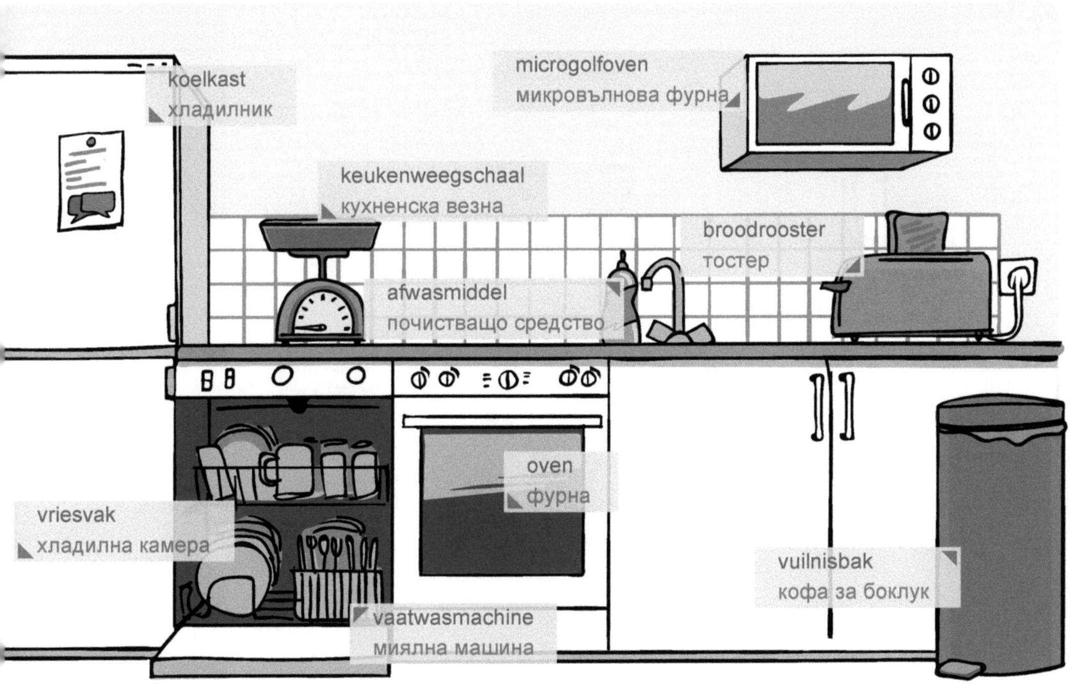
koelkast
хладилник
microgolfoven
микровълнова фурна
keukenweegschaal
кухненска везна
broodrooster
тостер
afwasmiddel
почистващо средство
oven
фурна
vriesvak
хладилна камера
vuilnisbak
кофа за боклук
vaatwasmachine
миялна машина

fornuis

готварска печка

pot

тенджера

gietijzeren pot

желязна тенджера

wok / kadai

уок / кадаи

pan

тиган

waterkoker

кана за затопляне на вода

stoomkoker

уред за готвене на пара

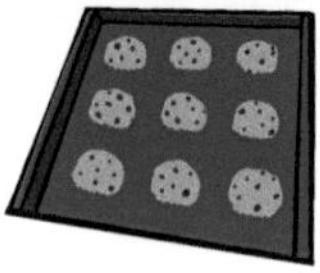

bakplaat

тава за печене

servies

съдове

mok

чаша

kom

купа

eetstokjes

клечки за хранене

pollepel

черпак

spatel

лопатка за тиган

garde

тел за разбиване (на яйца, белтъци)

vergiet

кошница за варене

zeef

гевгир

rasp

ренде

mortier

хаван

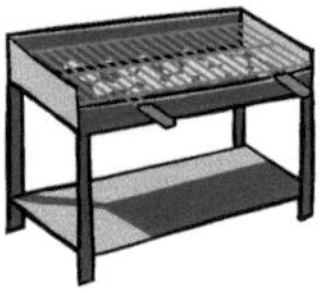

barbecue

барбекю

haardvuur

огнище

snijplank

дъска

deegrol

точилка

kurkentrekker

тирбушон

blik

кутия

blikopener

отварачка за консерви

pannenlap

кухненска ръкохватка

gootsteen

мивка

borstel

четка

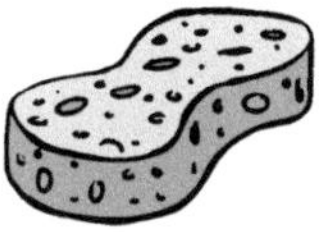

spons

гъба

blender

миксер

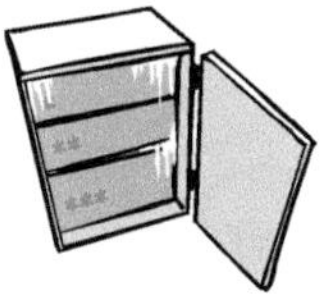

vriezer

фризер

papfles

бебешко шише

kraan

воден кран

badkamer
баня

douche
душ
verwarming
отопление
handdoek
хавлиена кърпа
douchegordijn
завеса за баня
bubbelbad
шампоан за вана
badkuip
вана
glas
стъклена чаша
wasmachine
перална машина
kraan
воден кран
tegels
плочки
kinderpo
гърне
gootsteen
мивка

toilet
....
тоалетна

hurktoilet
....
клекало

bidet
....
биде

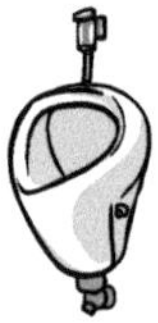

urinoir
....
писоар

toiletpapier
....
тоалетна хартия

toiletborstel
....
четка за тоалетна

tandenborstel

четка за зъби

tandpasta

паста за зъби

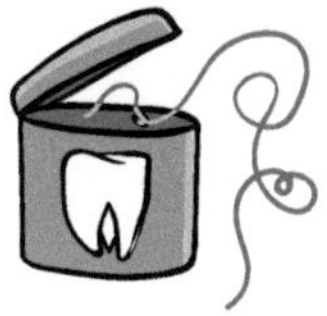

flosdraad

конец за зъби

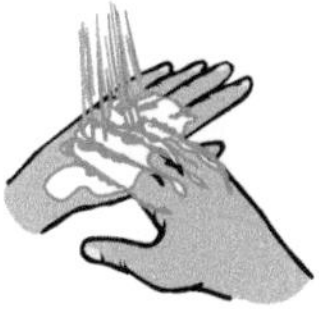

wassen

мия

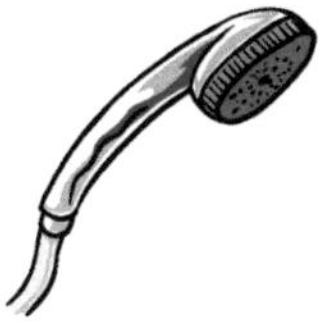

handdouche

ръчен душ

bidethanddouche

интимен душ

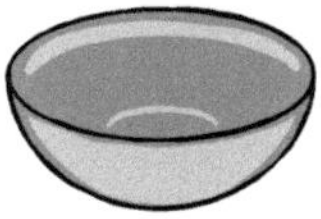

waskom

леген

rugborstel

четка за гръб

zeep

сапун

douchegel

душ гел

shampoo

шампоан за вана

washandje

гъба за баня

afvoer

сифон

crème

крем

deodorant

дезодорант

spiegel

огледало

handspiegel

козметично огледало

scheermes

ръчна самобръсначка

scheerschuim

пяна за бръснене

aftershave

одеколон за след бръснене

kam

гребен

borstel

четка

haardroger

сешоар

haarlak

спрей за коса

make-up

грим

lippenstift

червило

nagellak

лак за нокти

watten

памук

nagelknipper

ножица за нокти

parfum

парфюм

toilettas

тоалетна чантичка

kruk

табуретка

weegschaal

везна

badjas

хавлия

latex handschoenen

домакински ръкавици

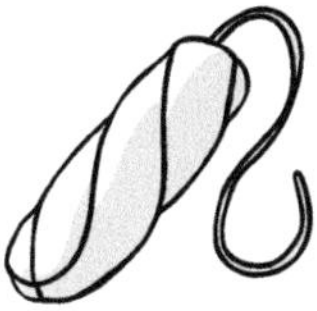

tampon

тампон

maandverband

дамски превръзки

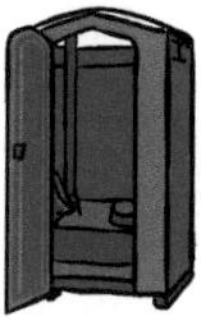

chemisch toilet

химическа тоалетна

kinderkamer
детска стая

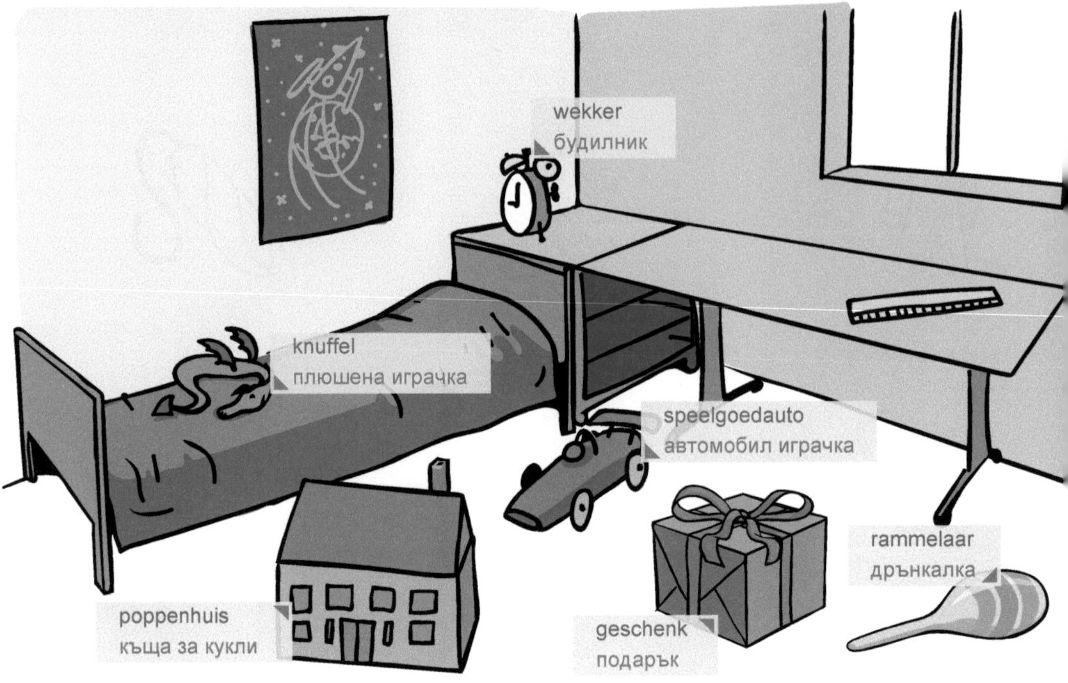
wekker
будилник
knuffel
плюшена играчка
speelgoedauto
автомобил играчка
rammelaar
дрънкалка
poppenhuis
къща за кукли
geschenk
подарък

ballon

балон

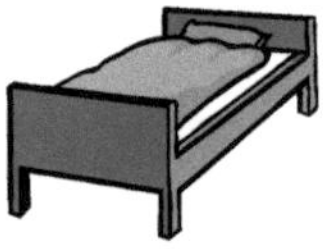

bed

легло

kinderwagen

детска количка

spel kaarten

игра на карти

puzzel

пъзел

stripboek

комикс

legoblokjes

лего елементи

blokken

строителни елементи

actiefiguur

екшън фигурка

kruippakje

бебешки гащеризон

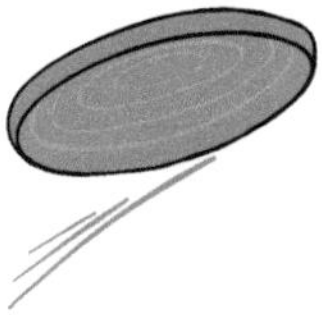

frisbee

фрисби

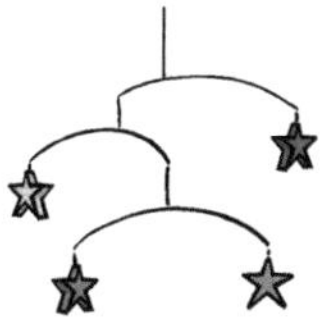

mobiel

бебешки играчки за легло

bordspel

настолна игра

dobbelsteen

зарче

modelspoorweg

миниатюрно влакче

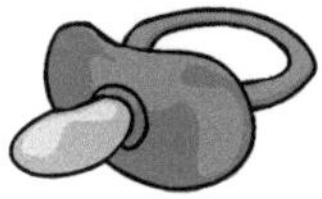

fopspeen

биберон

feest

парти

prentenboek

детска книга с илюстрации

bal

топка

pop

кукла

spelen

играя

zandbak

пясъчник

schommel

люлка

speelgoed

играчка

spelconsole

игрова конзола

driewieler

велосипед с три колелета

knuffelbeer

плюшено мече

kleerkast

гардероб

kleding
облекло

sokken

къси чорапи

kousen

дълги чорапи

maillot

чорапогащник

sjaal
шал

paraplu
чадър

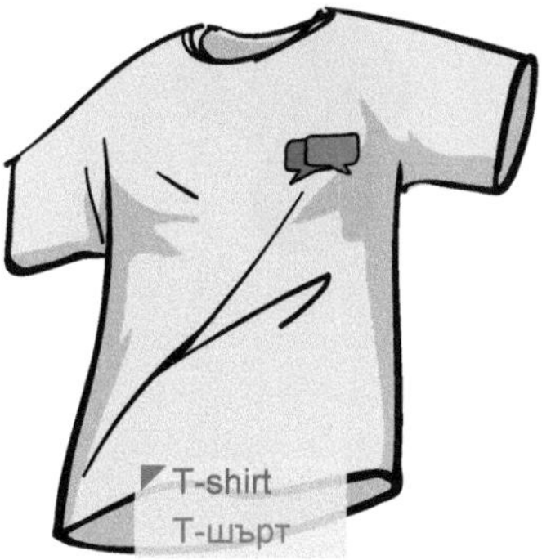
T-shirt
Т-шърт

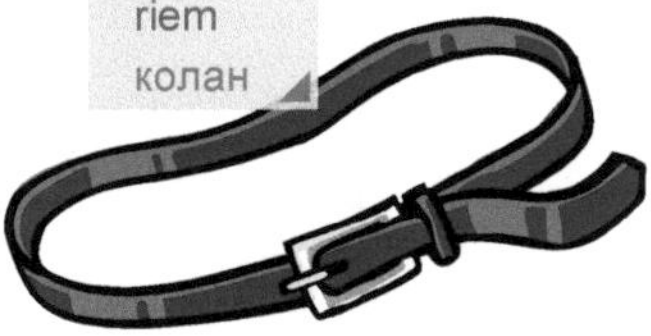
riem
колан

sneakers
гуменки

laarzen
ботуши

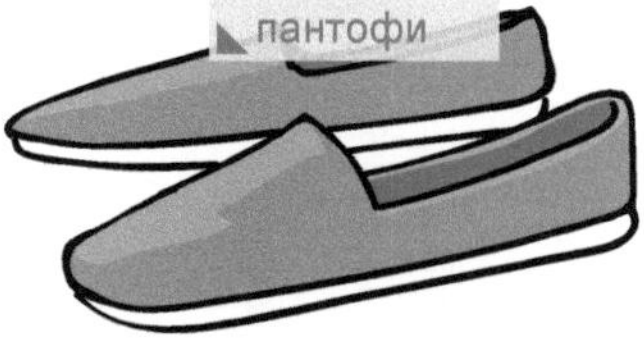
slippers
пантофи

sandalen

сандали

schoenen

обувки

rubberlaarzen

гумени ботуши

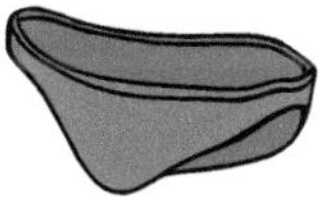

onderbroek

слип

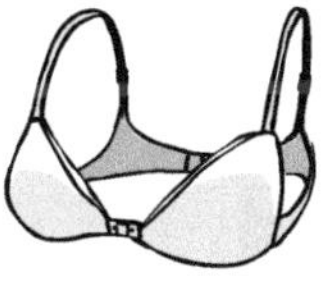

beha

сутиен

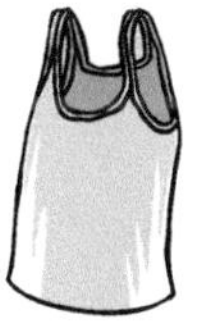

onderhemd

долна блуза

lichaam

боди

broek

панталон

jeans

дънки

rok

пола

blouse

блуза

hemd

риза

trui

пуловер

capuchontrui

суичър

blazer

блейзър

jas

яке

jas

палто

regenjas

дъждобран

kostuum

костюм

jurk

рокля

trouwjurk

булчинска рокля

pak
костюм

nachthemd
нощница

pyjama
пижама

sari
сари

hoofddoek
кърпа за глава

tulband
тюрбан

boerka
бурка

kaftan
кафтан

abaya
абая

badpak
бански костюм

zwembroek
плувни шорти

short
къс панталон

trainingspak
анцуг

schort
престилка

handschoenen
ръкавици

knoop

копче

bril

очила

armband

гривна

ketting

верижка

ring

пръстен

oorbel

обеца

pet

каскет

kapstok

закачалка

hoed

шапка

das

вратовръзка

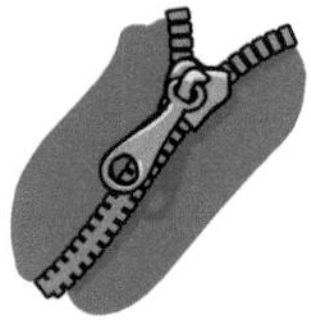

rits

цип

helm

каска

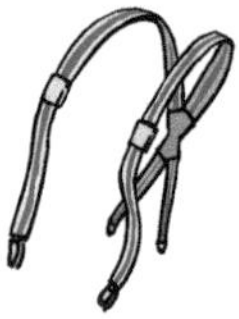

bretellen

тиранти

schooluniform

ученическа униформа

uniform

униформа

slabbetje

лигавник

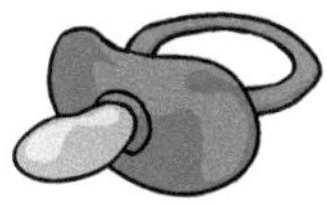

fopspeen

биберон

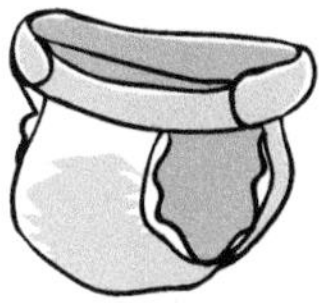

luier

пелена

kantoor

офис

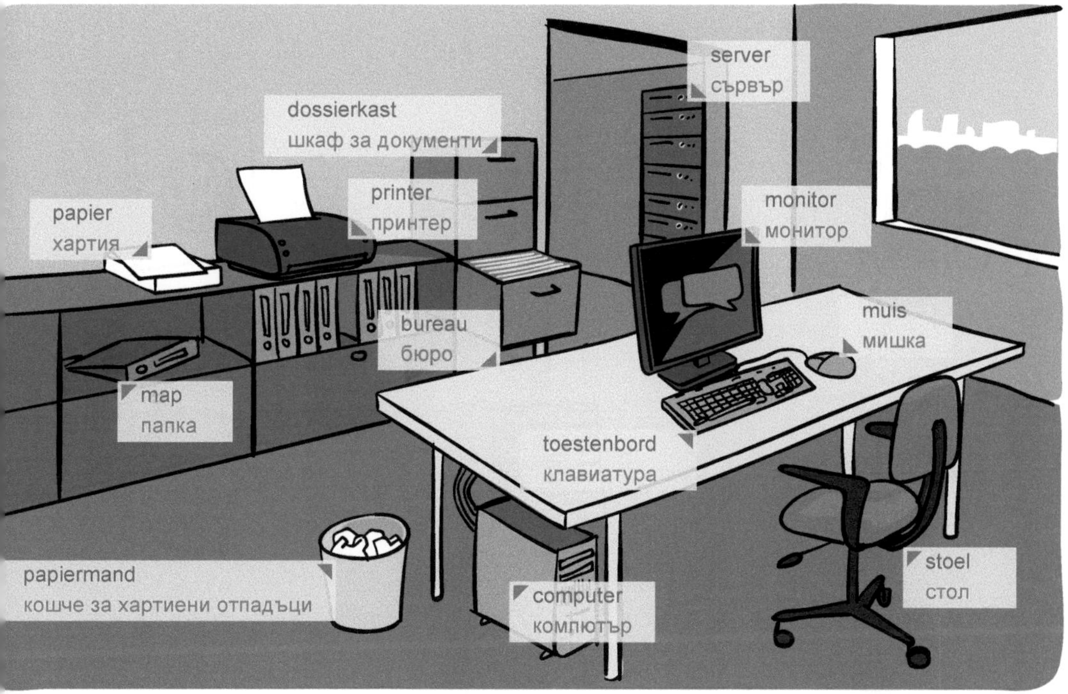
server
сървър
dossierkast
шкаф за документи
printer
принтер
papier
хартия
monitor
монитор
bureau
бюро
muis
мишка
map
папка
toestenbord
клавиатура
papiermand
кошче за хартиени отпадъци
stoel
стол
computer
компютър

koffiemok

чаша за кафе

rekenmachine

джобен калкулатор

internet

интернет

laptop

лаптоп

brief

писмо

bericht

съобщение

gsm

мобилен телефон

netwerk

мрежа

kopieerapparaat

ксерокс

software

софтуер

telefoon

телефон

stopcontact

контакт

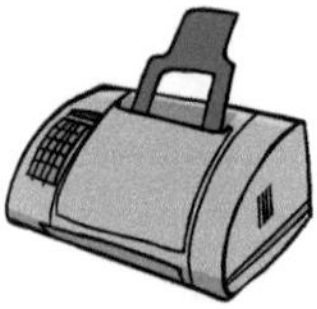

fax

факс

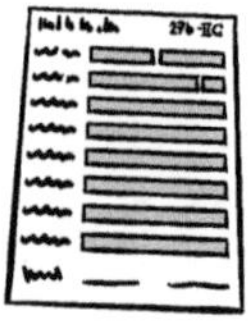

formulier

формуляр

document

документ

economie
икономика

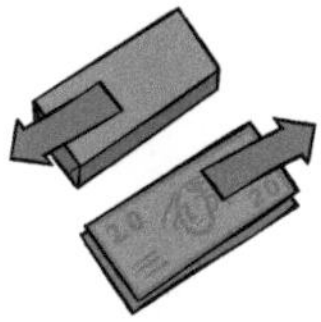

kopen

купувам

betalen

плащам

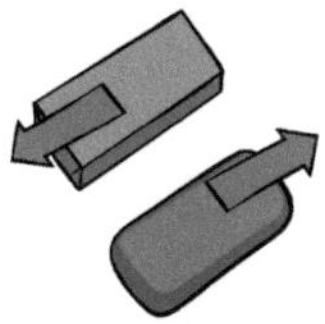

handelen

търгувам

geld

пари

dollar

долар

euro

евро

yen

йена

roebel

рубла

Zwitserse frank

швейцарски франк

Chinese renminbi

ренминби юан

roepie

рупия

geldautomaat

банкомат

wisselkantoor

обменно бюро

goud

злато

zilver

сребро

olie

нефт

energie

енергия

prijs

цена

contract

договор

belasting

данък

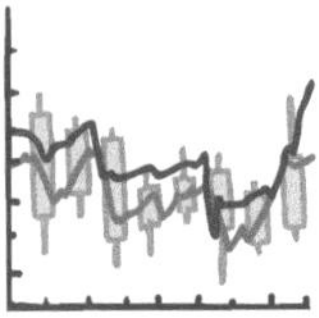

aandeel

акция

werken

работя

werknemer

служител

werkgever

работодател

fabriek

фабрика

winkel

магазин за цветя

politieagent
полицай
brandweerman
пожарникар
kok
готвач
dokter
лекар
piloot
пилот

tuinman

градинар

timmerman

мебелист

naaister

шивачка

rechter

съдия

chemicus

химик

acteur

артист

buschauffeur

шофьор на автобус

taxichauffeur

шофьор на такси

visser

рибар

schoonmaakster

чистачка

dakdekker

майстор на покриви

ober

келнер

jager

ловец

schilder

художник

bakker

хлебар

elektricien

електротехник

bouwvakker

строителен работник

ingenieur

инженер

slager

касапин

loodgieter

тенекеджия

postbode

пощальон

soldaat

войник

architect

архитект

kassier

касиер

bloemist

цветар

kapper

фризьор

conducteur

кондуктор

mecanicien

механик

kapitein

капитан

tandarts

зъболекар

wetenschapper

научен работник

rabbijn

равин

imam

имàм

monnik

монах

geestelijke

свещеник

werktuigen

инструменти

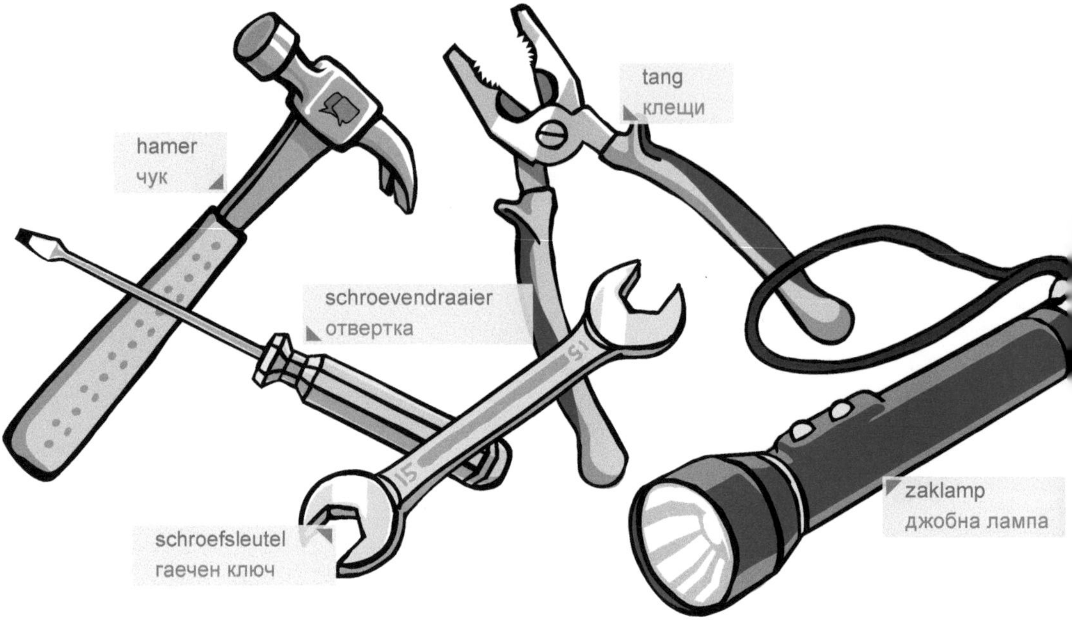

hamer
чук
tang
клещи
schroevendraaier
отвертка
zaklamp
джобна лампа
schroefsleutel
гаечен ключ

graafmachine

багер

gereedschapskoffer

кутия за инструменти

ladder

стълба

zaag

трион

spijkers

пирони

boormachine

бормашина

repareren

ремонтирам

schop

лопата

Verdomme!

По дяволите!

blik

лопатка за смет

verfpot

кутия за боя

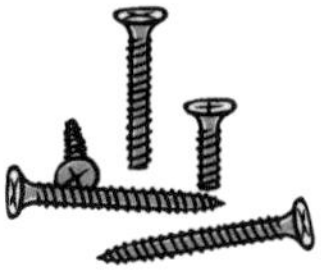

schroeven

болтове

muziekinstrumenten
музикални инструменти

luidspreker
високоговорител
drumstel
ударни инструменти
gitaar
китара
contrabas
контрабас
trompet
тромпет

piano

пиано

viool

виолина

basgitaar

контрабас

pauk

тимпан

trommels

барабан

keyboard

електрическо пиано

saxofoon

саксофон

fluit

флейта

microfoon

микрофон

зоологическа градина

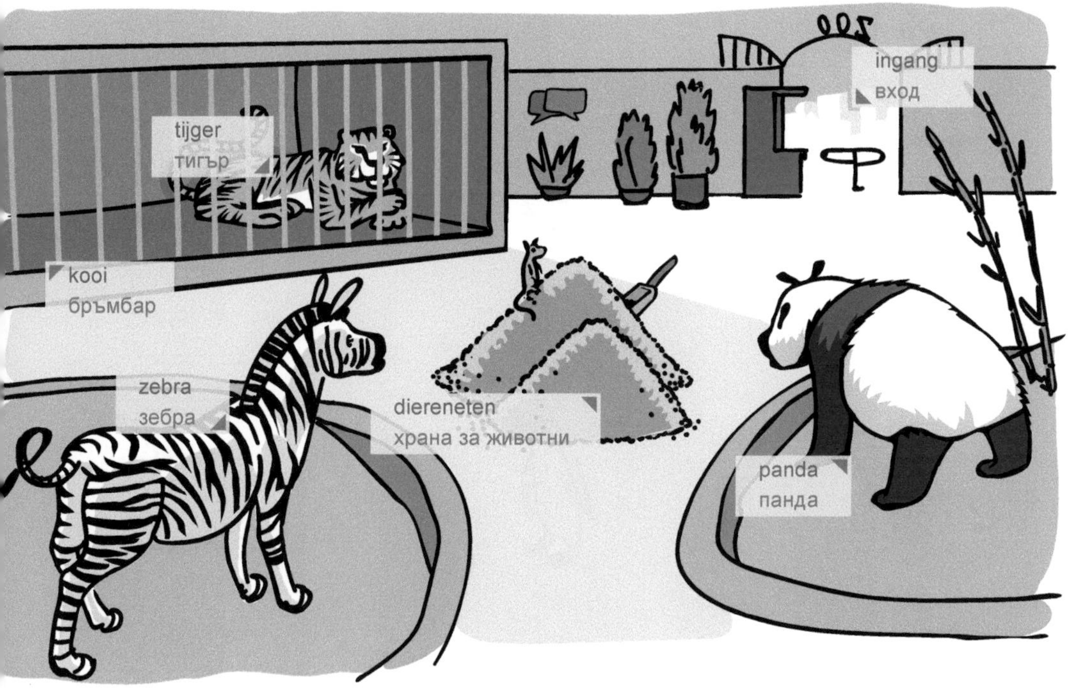
zoo
ingang
вход
tijger
тигър
kooi
бръмбар
zebra
зебра
diereneten
храна за животни
panda
панда

dieren

животни

olifant

слон

kangoeroe

кенгуру

neushoorn

носорог

gorilla

горила

beer

мечка

kameel

камила

struisvogel

щраус

leeuw

лъв

aap

маймуна

flamingo

фламинго

papegaai

папагал

ijsbeer

бяла мечка

pinguïn

пингвин

haai

акула

pauw

паун

slang

змия

krokodil

крокодил

dierenverzorger

пазач в зоологическа градина

zeehond

тюлен

jaguar

ягуар

pony

пони

luipaard

леопард

nijlpaard

хипопотам

giraffe

жираф

adelaar

орел

wild zwijn

диво прасе

vis

риба

zeeschildpad

костенурка

walrus

морж

vos

лисица

gazelle

газела

sporten
спорт

rugby
американски футбол
wielrennen
колоездене
tennis
тенис
basketbal
баскетбол
zwemmen
плуване
ijshockey
хокей на лед
boksen
бокс

voetbal

футбол

badminton

бадминтон

atletiek

лека атлетика

handbal

хандбал

skiën

ски бягане

polo

поло

activiteiten

дейности

lachen
смея се
springen
скачам
knuffelen
прегръщам
wandelen
вървя
zingen
пея
dromen
сънувам
bidden
моля се
kussen
целувам

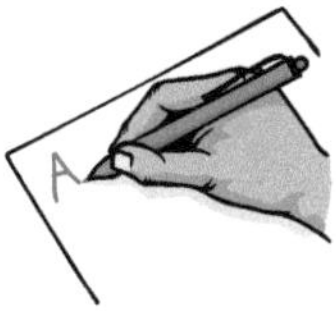

schrijven

пиша

tekenen

рисувам

tonen

показвам

duwen

бутам

geven

давам

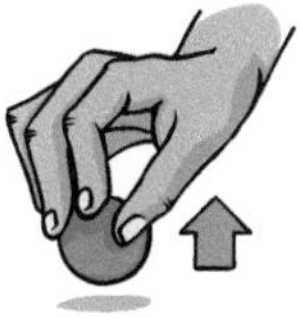

nemen

взимам

hebben

имам

doen

правя

zijn

съм

staan

стоя

lopen

тичам

trekken

дърпам

gooien

хвърлям

vallen

падам

liggen

лежа

wachten

чакам

dragen

нося

zitten

седя

aankleden

обличам

slapen

спя

ontwaken

събуждам се

kijken naar

разглеждам

wenen

плача

aaien

милвам

kammen

реша се

praten

говоря

begrijpen

разбирам

vragen

питам

luisteren

слушам

drinken

пия

eten

ям

opruimen

разтребвам

houden van

обичам

koken

готвя

rijden

карам автомобил

vliegen

летя

zeilen

плавам (с платна)

rekenen

смятане

Lezen

чета

leren

уча

werken

работя

trouwen

женя се

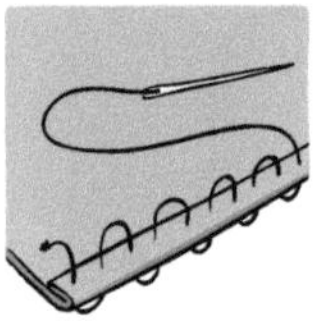

naaien

шия

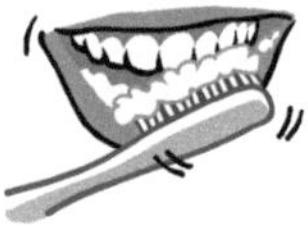

tandenpoetsen

измивам си зъбите

doden

убивам

roken

пуша

sturen

изпращам

grootmoeder
баба
grootvader
дядо
vader
баща
moeder
майка
baby
бебе
dochter
дъщеря
zoon
син

gast

посетител

tante

леля

oom

чичо

broer

брат

zus

сестра

lichaam

тяло

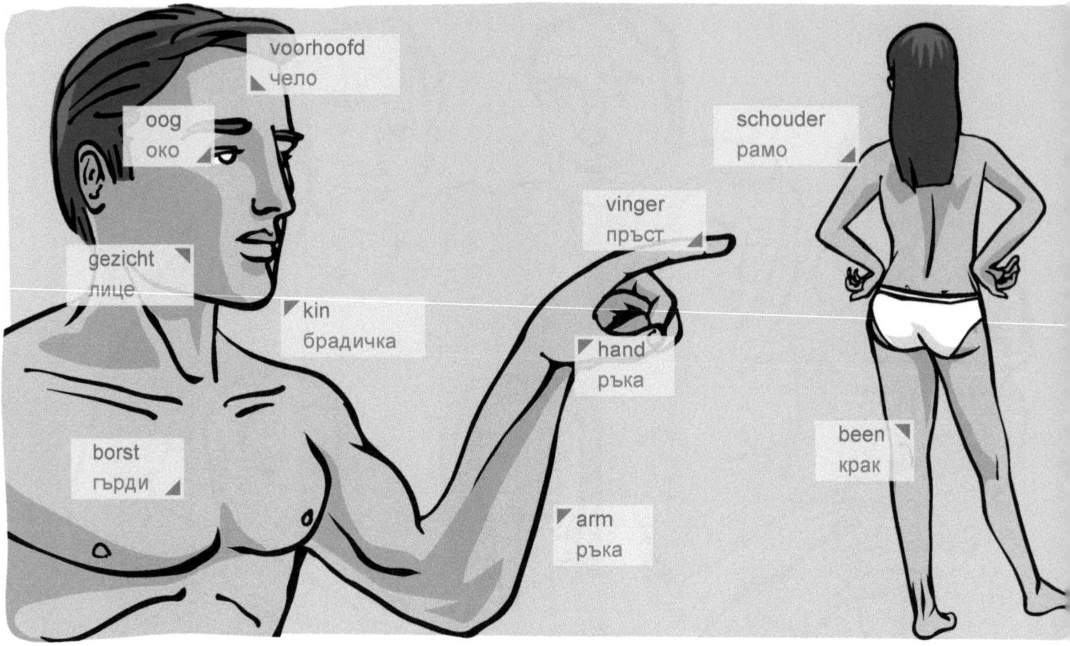
voorhoofd
чело
oog
око
schouder
рамо
vinger
пръст
gezicht
лице
kin
брадичка
hand
ръка
been
крак
borst
гърди
arm
ръка

baby

бебе

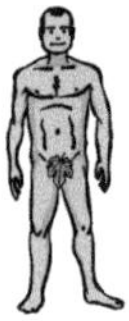

man

мъж

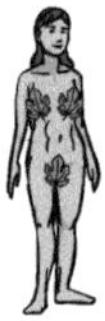

vrouw

жена

meisje

момиче

jongen

момче

hoofd

глава

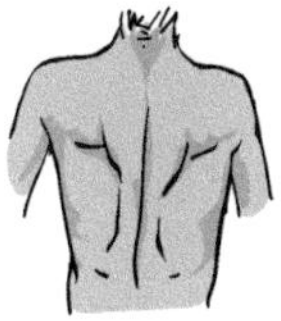

rug

грьб

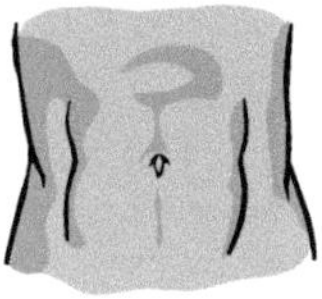

buik

корем

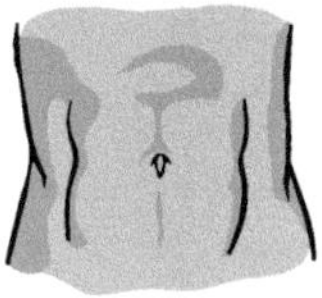

navel

пъп

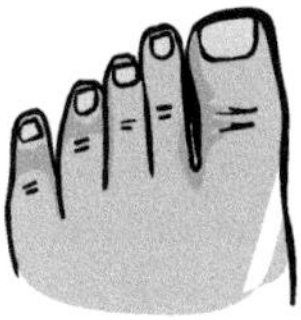

teen

пръст на крака

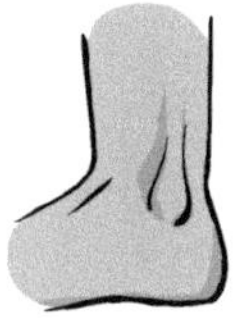

hiel

пета

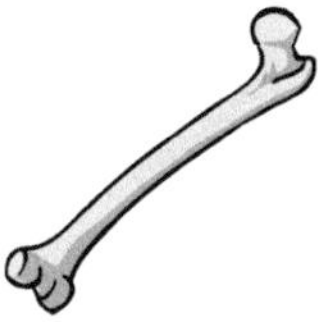

bot

кост

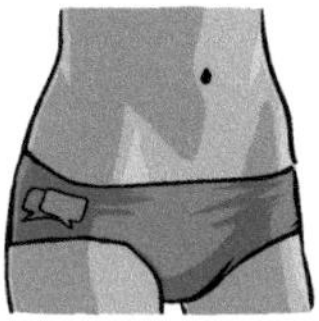

heup

хълбок

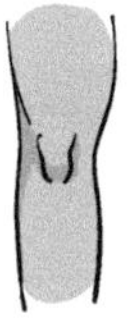

knie

коляно

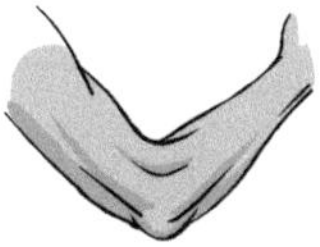

elleboog

лакът

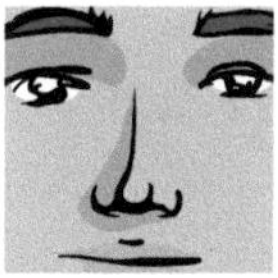

neus

нос

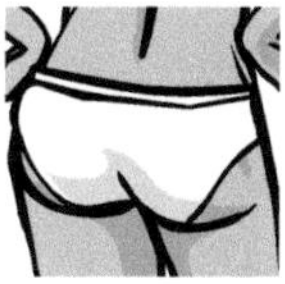

zitvlak

седалище

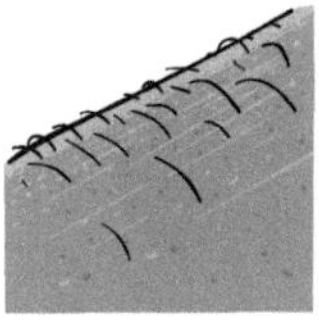

huid

кожа

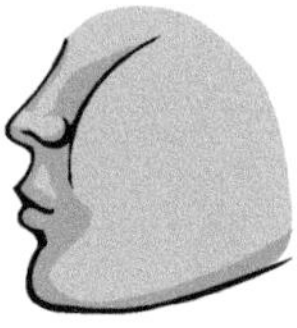

wang

буза

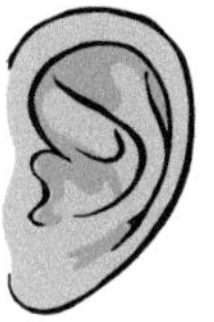

oor

ухо

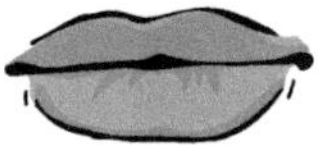

lip

устна

mond

уста

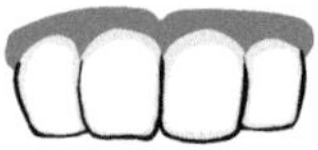

tand

зъб

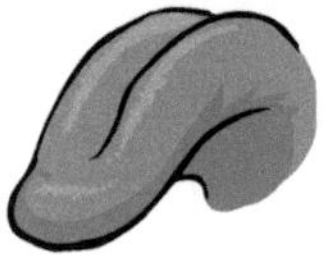

tong

език

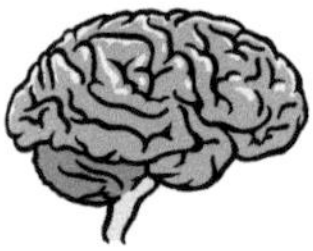

hersenen

мозък

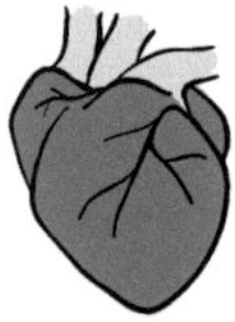

hart

сърце

spier

мускул

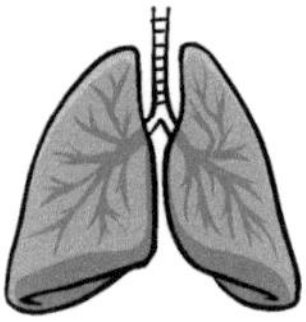

long

бял дроб

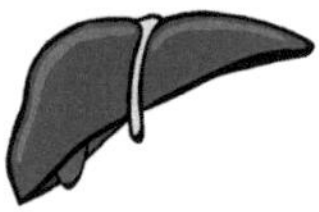

lever

черен дроб

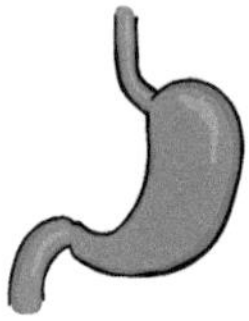

maag

стомах

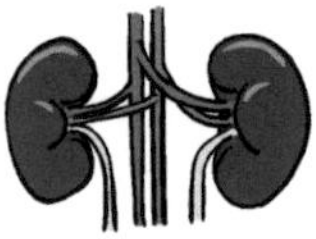

nieren

бъбреци

seks

полово сношение

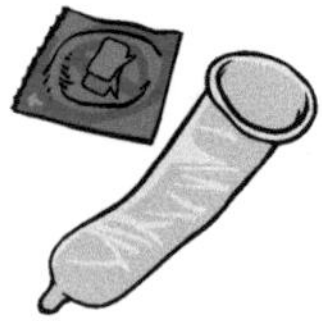

condoom

кондом

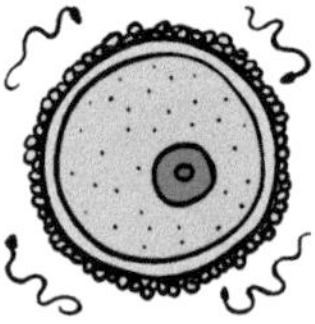

eicel

яйцеклетка

sperma

сперма

zwangerschap

бременност

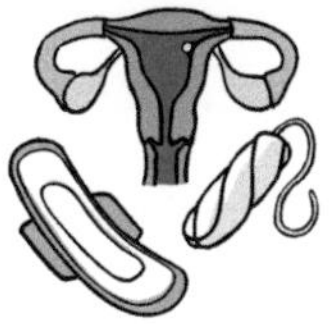

menstruatie

менструация

vagina

вагина

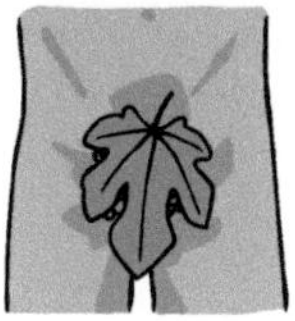

penis

пенис

wenkbrauw

вежда

haar

коса

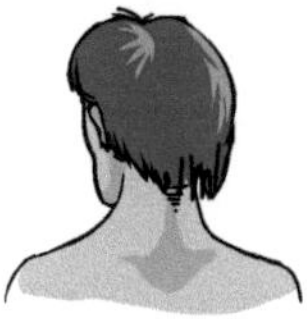

nek

шия

ziekenhuis
болница

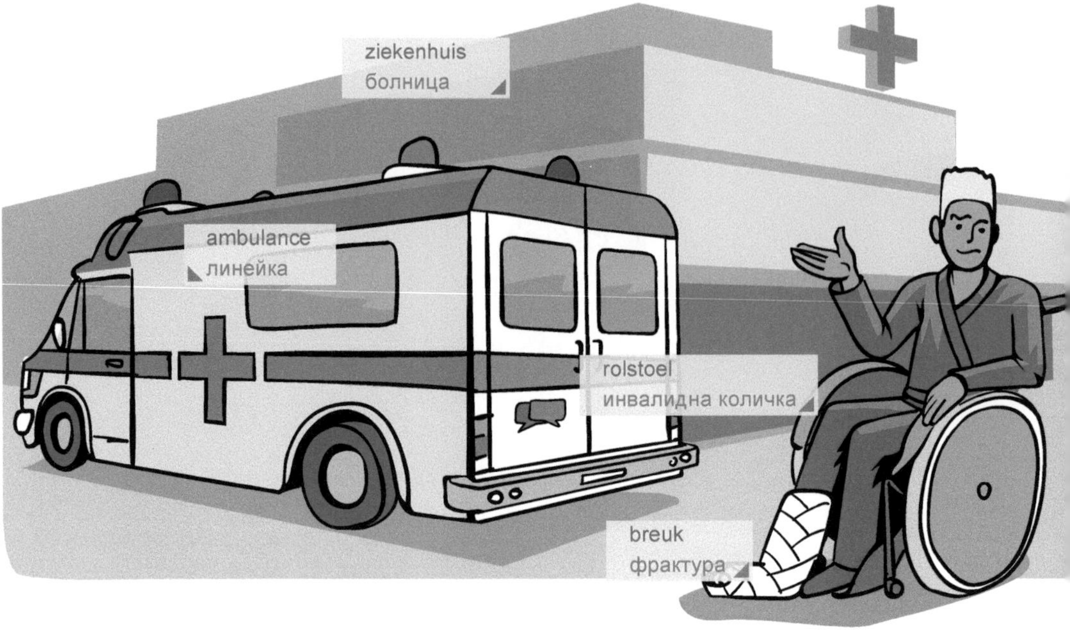
ziekenhuis
болница
ambulance
линейка
rolstoel
инвалидна количка
breuk
фрактура

dokter

лекар

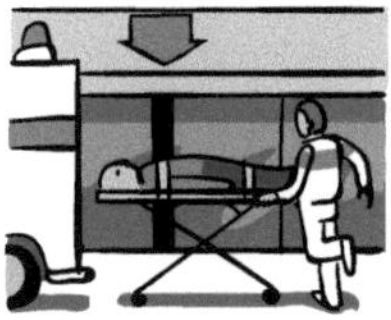

spoed

спешна хоспитализация

verpleegkundige

медицинска сестра

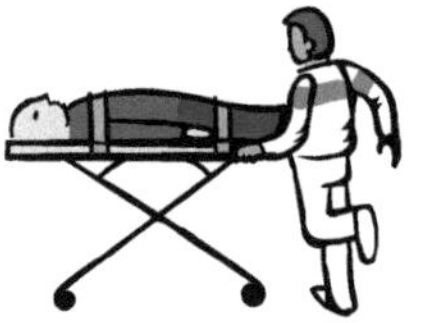

noodgeval

спешен случай

bewusteloos

в безсъзнание

pijn

болка

verwonding

нараняване

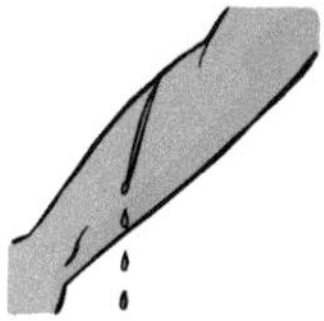

bloeding

кървене

hartaanval

инфаркт

beroerte

инсулт

allergie

алергия

hoest

кашлица

koorts

температура

griep

грип

diarree

диария

hoofdpijn

главоболие

kanker

рак

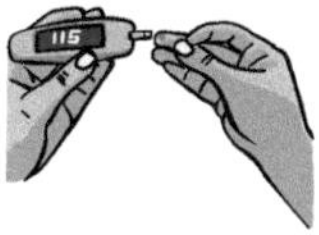

diabetes

диабет

chirurg

хирург

scalpel

скалпел

operatie

операция

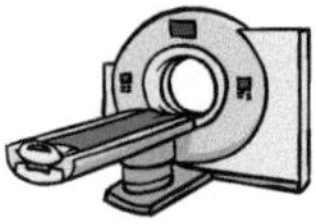

CT

компютърна томография

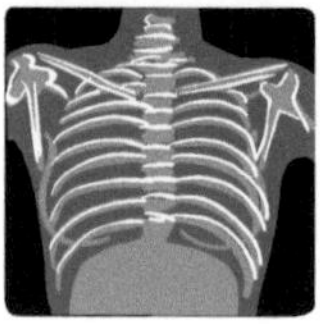

röntgenstraal

рентген

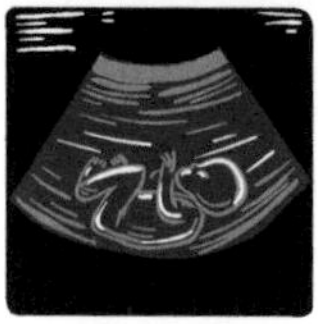

ultrageluid

ултразвук

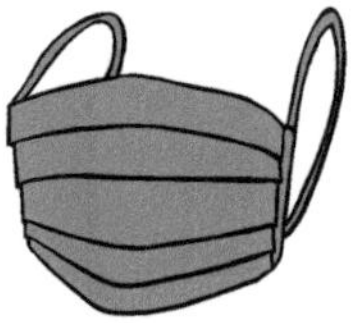

gezichtsmasker

маска

ziekte

болест

wachtkamer

чакалня

kruk

патерица

pleister

пластир

verband

превръзка

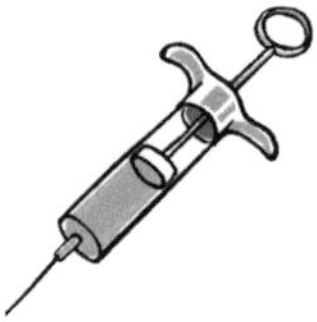

injectie

инжекция

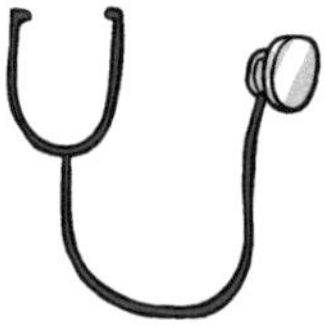

stethoscoop

стетоскоп

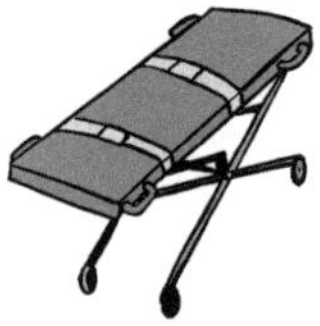

brancard

носилка

thermometer

термометър

geboorte

раждане

overgewicht

наднормено тегло

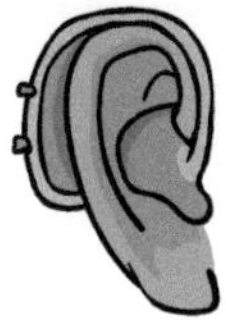

hoorapparaat

слухов апарат

ontsmettingsmiddel

дезинфекционно средство

infectie

инфекция

virus

вирус

HIV / AIDS

HIV / AIDS

medicijn

медицина

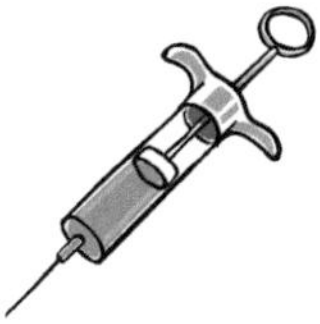

vaccinatie

ваксинация

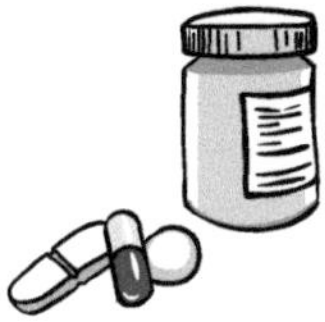

tabletten

таблети

pil

противозачатъчна таблетка

noodoproep

спешно телефонно обаждане

bloeddrukmeter

апарат за измерване на кръвното налягане

ziek / gezond

болен / здрав

noodgeval

спешен случай

Help!

Помощ!

alarm

сигнал за тревога

overval

нападение

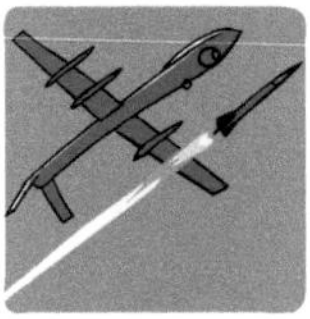

aanval

атака

gevaar

опасност

nooduitgang

авариен изход

Brand!

Пожар!

brandblusser

пожарогасител

ongeval

злополука

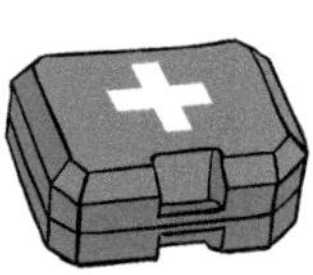

EHBO-kit

комплект за оказване на първа помощ

SOS

SOS

politie

полиция

aarde
Земя

Europa

Европа

Noord-Amerika

Северна Америка

Zuid-Amerika

Южна Америка

Afrika

Африка

Azië

Азия

Australië

Австралия

Atlantische Oceaan

Атлантически океан

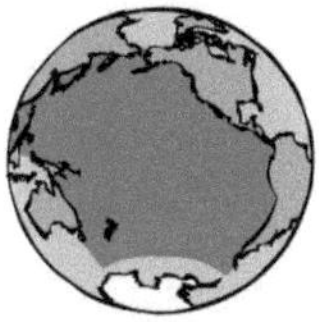

Stille Oceaan

Тихи океан

Indische Oceaan

Индийски океан

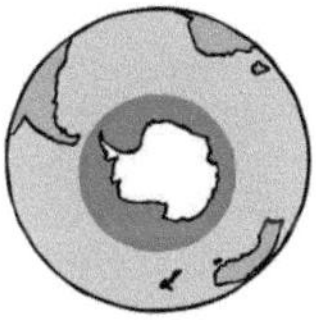

Antarctische Oceaan

Южен ледовит океан

Arctische Oceaan

Северен ледовит океан

Noordpool

Северен полюс

Zuidpool

Южен полюс

Antarctica

Антарктида

aarde

Земя

land

суша

zee

море

eiland

остров

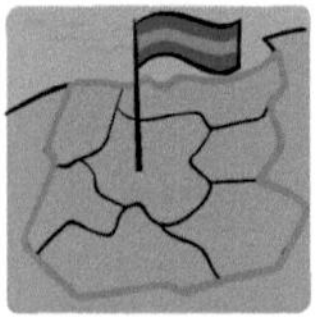

natie

нация

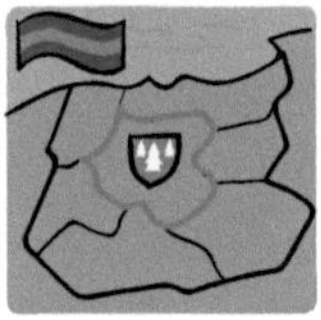

staat

държава

klok

часовник

wijzerplaat

циферблат

uurwijzer

стрелка на часовете

minuutwijzer

стрелка на минутите

secondewijzer

стрелка на секундите

Hoe laat is het?

Колко е часът?

dag

ден

tijd

време

nu

сега

digitale horloge

дигитален часовник

minuut

минута

uur

час

week

седмица

maandag
понеделник
MO
woensdag
сряда
W
vrijdag
петък
FR
TU
TH
SA
zaterdag
събота
dinsdag
вторник
donderdag
четвъртък
SO
zondag
неделя

TUE
MON
1

gisteren

вчера

TUE
2

vandaag

днес

TUE
3

morgen

утре

ochtend

сутрин

middag

обед

avond

вечер

MO TU WE TH FR SA SU

werkdagen

работни дни

MO TU WE TH FR SA SU

weekend

уикенд

jaar
година

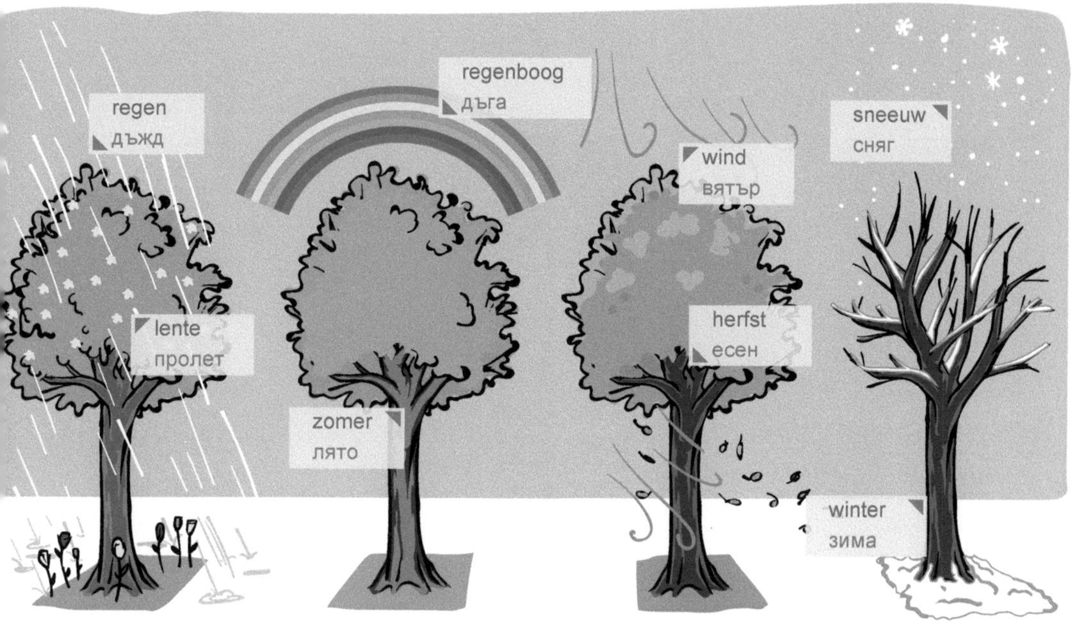
regen
дъжд
regenboog
дъга
sneeuw
сняг
wind
вятър
lente
пролет
herfst
есен
zomer
лято
winter
зима

4.APRIL 11°
5.APRIL 4°
6.APRIL 13°
7.APRIL 8°
8.APRIL 10°

weervoorspelling

прогноза за времето

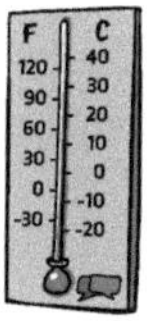
F C
120 40
90 30
60 20
30 10
0 0
-30 -10
-20

thermometer

термометър

zonneschijn

слънчева светлина

wolk

облак

mist

мъгла

vochtigheid

влажност на въздуха

bliksem

светкавица

donder

гръмотевица

storm

буря

hagel

градушка

moesson

мусон

overstroming

наводнение

ijs

лед

januari

януари

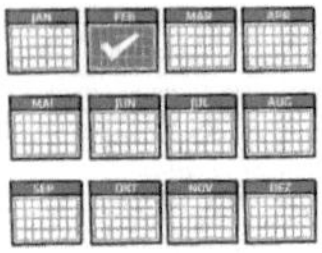

februari

февруари

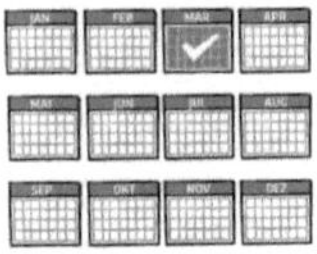

maart

март

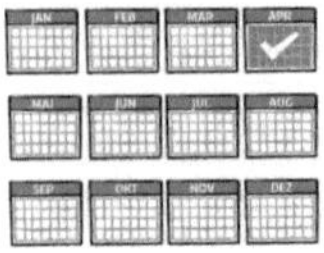

april

април

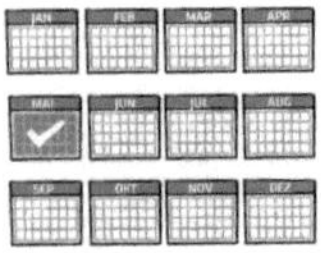

mei

май

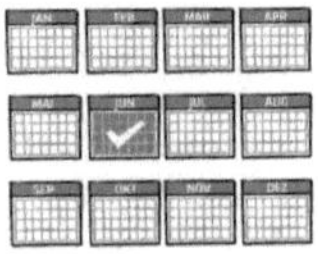

juni

юни

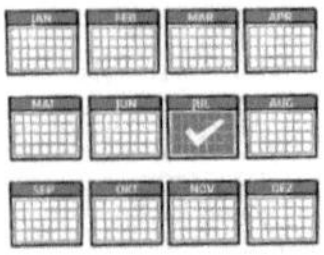

juli

юли

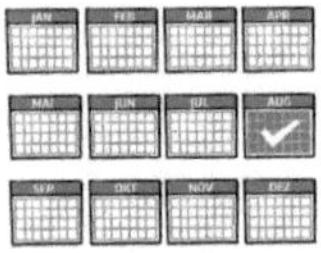

augustus

август

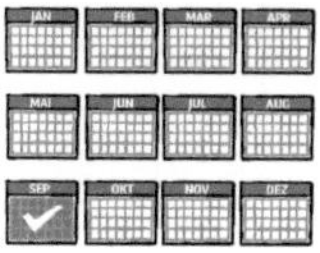

september

септември

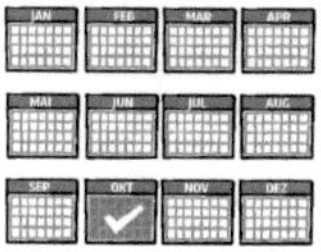

oktober

октомври

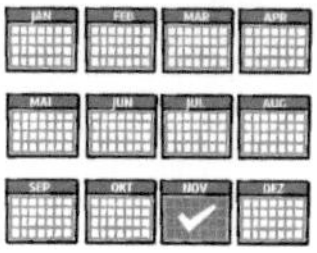

november

ноември

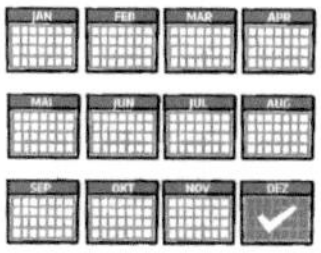

december

декември

vormen

форми

cirkel

кръг

kwadraat

квадрат

rechthoek

четириъгълник

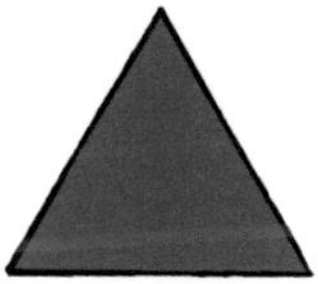

driehoek

триъгълник

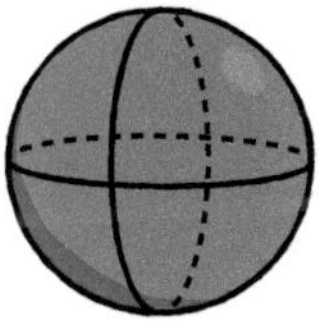

bol

сфера

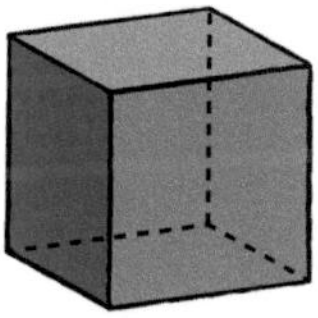

kubus

куб

kleuren

цветове

wit

бял

geel

жълт

oranje

оранжев

roze

розов

rood

червен

paars

лилав

blauw

син

groen

зелен

bruin

кафяв

grijs

сив

zwart

черен

tegengestelden

противоположности

veel / weinig

много / малко

boos / kalm

ядосан / спокоен

mooi / lelijk

красив / грозен

begin / einde

начало / край

groot / klein

голям / малък

licht / donker

светъл / тъмен

broer / zus

брат / сестра

proper / vuil

чист / мръсен

volledig / onvolledig

пълен / непълен

dag / nacht

ден / нощ

dood / levend

мъртъв / жив

breed / smal

широк / тесен

eetbaar / oneetbaar

ядлив / неядлив

kwaadaardig / vriendelijk

сърдит / любезен

opgewonden / verveeld

развълнуван / скучаещ

dik / dun

дебел / тънък

eerst / laatst

най-напред / най-накрая

vriend / vijand

приятел / враг

vol / leeg

пълен / празен

hard / zacht

твърд / мек

zwaar / licht

тежък / лек

honger / dorst

глад / жажда

ziek / gezond

болен / здрав

illegaal / legaal

нелегален / легален

intelligent / dom

интелигентен / глупав

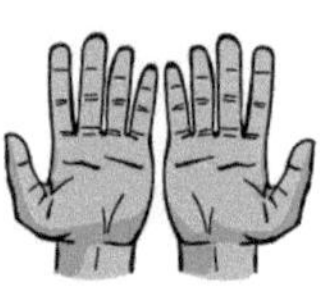

links / rechts

ляво / дясно

dichtbij / veraf

близо / далече

nieuw / gebruikt

нов / употребяван

niets / iets

нищо / нещо

oud / jong

стар / млад

aan / uit

вкл. / изкл.

open / dicht

отворен / затворен

stil / luid

тих / силен (звук)

rijk / arm

богат / беден

juist / fout

правилен / погрешен

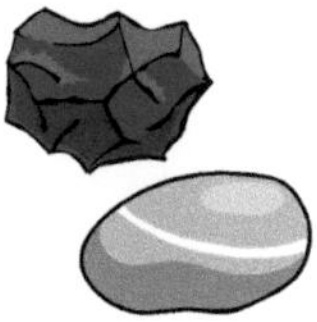

ruw / glad

грапав / гладък

droevig / blij

тъжен / щастлив

kort / lang

дълъг / къс

traag / snel

бавен / бърз

nat / droog

мокър / сух

warm / koud

топъл / студен

oorlog / vrede

война / мир

cijfers
числа

0

nul

нула

1

één

едно

2

twee

две

3

drie

три

4

vier

четири

5

vijf

пет

6

zes

шест

7

zeven

седем

8

acht

осем

9

negen

девет

10

tien

десет

11

elf

единадесет

12

twaalf

дванадесет

13

dertien

тринадесет

14

veertien

четиринадесет

15

vijftien

петнадесет

16

zestien

шестнадесет

17

zeventien

седемнадесет

18

achtien

осемнадесет

19

negentien

деветнадесет

20

twintig

двадесет

100

honderd

сто

1.000

duizend

хиляда

1.000.000

miljoen

милион

Talen

езици

Engels

английски

Amerikaans Engels

американски английски

Chinees (Mandarijn)

китайски мандарин

Hindi

хинди

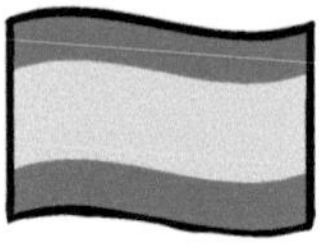

Spaans

испански

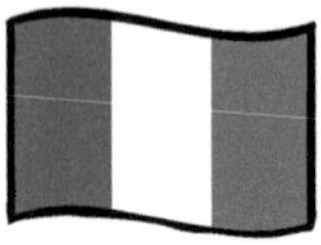

Frans

френски

Arabisch

арабски

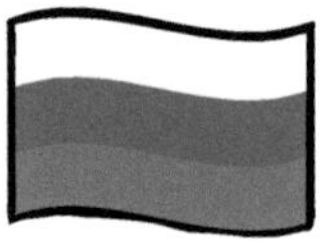

Russisch

руски

Portugees

португалски

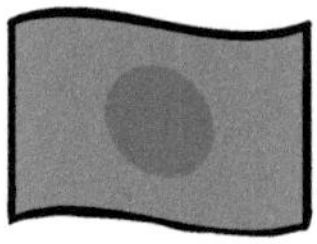

Bengali

бенгалски

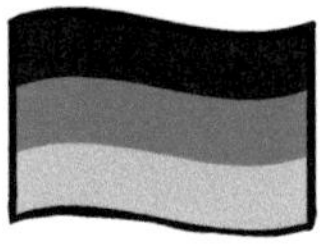

Duits

немски

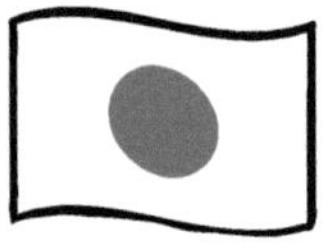

Japans

японски

wie / wat / hoe
кой / какво / как

ik

азаз

u

ти

hij / zij / het

той / тя / то

wij

ние

u

вие

ze

те

wie?

кой?

wat?

какво?

hoe?

как?

waar?

къде?

wanneer?

кога?

naam

име

waar
къде

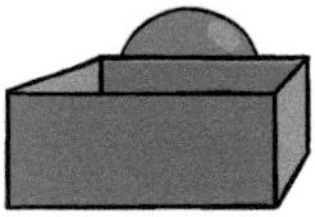

achter

зад

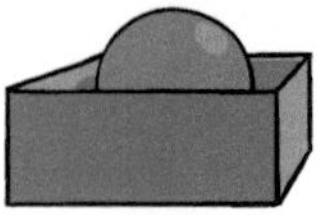

in

в

voor

пред

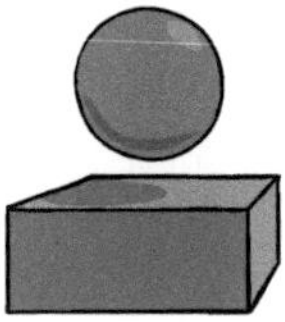

boven

над

op

върху

onder

под

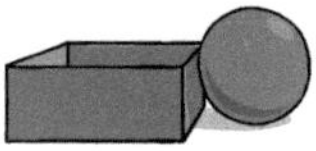

naast

до

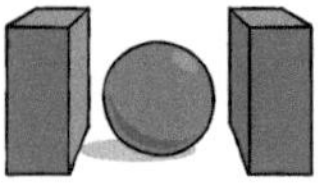

tussen

между

plaats

място